*Författaren dedicerar boken till sin mor
Elli Jareteg för att hon alltid har stött
honom på hans vingliga färd genom livet.*

Jari Markkanen har gett ut följande böcker
på förlaget Books on Demand, BoD:
Grodornas fiende, 2021.
Vikarien, 2021.
Livslust – sex, jobb och vänskap, 2022.
Verkstaden, 2022.
Projekt 80 – personligt om arkiverat
beslut, 2022.
Karate – tomma handens väg, 2023.
Noterat år 1986, 2023.
Boknördens förebild, 2024.

Malin Markkanen har skapat omslaget.
Hon är verksam som arkitekt och illustratör.

Ur hjärtats djup
Dikter

Jari Markkanen

© 2024 Jari Markkanen

Förlag: BoD – Books on Demand, Stockholm, Sverige

Tryck: Libri Plureos GmbH, Hamburg, Tyskland

ISBN: 978-91-8057-646-8

Innehåll

*En poets självbiografi
är hans poesi. Allt
annat är bara en fotnot.*
Yevgeny Yevtushenko (1933-2017)

Du mitt liv!

Du mitt liv! Svara mig!
Var allt jag gjorde förutbestämt?
Var jag bara ett uppblåst skämt?
Jag roades ju så av dig.
Jag ville förstå
allt ditt onda och allt ditt goda
men det var dumt kan jag förmoda.
Du livet! Skratta och slå!

Du mitt liv! Svara mig!
Varför splittrade du mitt heta mod?
Varför förgiftade du mitt rena blod?
Jag ville upptäcka dig.
Jag ville se
allt av dig på parker, gator och torg
men jag fann mest smärta och sorg.
Du livet! Håna och le!

Du mitt liv! Svara mig!
Hur förstörde du min vilja att gå på?
Hur förödde du min lust att förstå?
Jag fängslades så av dig.
Jag ville få
allt det som var du till mitt ideal
men nu är jag blott ett tomt skal.
Du livet! Skratta och slå!

1

Aktör livet

Livet är en grym aktör
som har världen som estrad.
Hon skapar och förgör,
bara ibland gör hon mig glad.
Hon spelar troget akt efter akt
om krig, pest, smuts och prakt.
I går spred hon en mystisk bacill
så publiken blev rädd och rådvill.

Jag sitter i en parkett
och plågas av grannens tjat
om migrän och fotsvett
och jag gäspar åt hans hat.
Jag kan bara skratta glädjelöst
när jag hör sånger om tröst.
Ofta får jag faktiskt lust att gå
men jag stannar kvar ändå.

Vi hoppas på nästa vår,
att en av aktör Livets akter
då ska lindra våra sår
med glada och snabba takter.
Det får oss att stanna kvar
trots att blott döden är självklar.
Under tiden tål vi allt vanvett
tills vi somnar i vår parkett.

Alkisen vid systemet

Hej du, stanna ett tag!
Du fattar nog, min nöd har ingen lag.
Tänk dig i min onda skit.
Jag lever som ett djur
i en osynlig bur,
jävligt fängslad av sprit!
Ett öde utan stolthet och eget jag.

En gång gick jag i frack.
Då lyssnade folk alltid på mitt snack.
Men en idiot var jag.
Jag söp, levde fan,
hade mest skoj i stan
och gjorde mina misstag.
Farsan i himlen ska ha ett jäva tack!

Ta mig som ett bevis,
att supandet alltid har ett pris.
Ja, jag är ett jävla svin
men ge mig tjugo spänn
så stör jag inte dig igen.
Jag behöver en flaska vin.
Jag tackar dig ödmjukt, kompis.

Lyckad dataträff

Evas favoritvin
och drömmar om en idealkarl
matas in i en datamaskin
som snabbt gör henne nöjd med sina svar.

Kväll och databal!
Salarna fylls med musik och skratt
och alla söker efter sina ideal
och de finner varandra med glada spratt.

Många ler: Datasuccé!
Och några svimmar med ångestfulla vrål.
Ditt datanummer? Åh, låt mig se!
Livet är ju helfestligt, tycker Adam: Skål!

Krav möter krav,
aldrig behöver drömparen börja fråga.
Evas ideal är ju Adams kontoinnehav,
favoritfilm, hobby och sexuella förmåga.

Arrangörerna hyllas.
Tidningar och teve beskriver kärleksyran
och Träffens framtid förgyllas
men alla missar lögnerna bakom lyckan.

Datamaskinens uppgifter
om paret Eva och Adam är nästan sanna.
De har bara dolt sina små brister
för att bli det perfekta valet för varandra.

I din famn

Ingenting vore mitt liv
utan din styrka och ditt driv.
I din famn
vill jag vara du i mig.
Du lindrar min rädsla för livet,
för du väljer kärlek före hat.
Du säger att bara nuet är givet
och allt annat är tomt prat.
I min famn
vill du vara jag i dig.

Någonting händer i mitt liv,
din tro på nuet gör mig aktiv.
I din famn
vill jag vara du i mig.
Du låter mig släcka min oro
med dina känslor och begär.
Jag vilar tryggt in din tillvaro
för jag vet vad du vill och är.
I min famn
vill du vara jag i dig.

Nattfjärilen

Flyg, flyg, du midnattens fjäril
runt min taklampas gula ljus.
Snart är det gryning av den blåst
som sliter i din äng och i mitt hus.

Jag ligger i min varma säng,
läser mig sömnig med en tjock bok.
Mitt sällskap är en orolig fjäril
som flaxar omkring som ett tok.

Lugn, lugn, du midnattens fjäril,
vila på gobelängen framför min säng
Ute är det blåst, ute är det regn
som sliter i ditt hem som är en äng

Mitt fönster är stängt, ljuset släckt,
jag lyssnar på fjärilens snabba flykt.
Friheten betyder snabb död för dig
men i min stuga kan du vila tryggt

Sov, sov, du midnattens fjäril,
somna på min blommiga gobeläng.
När det är gryning och vinden still
ska jag vädra mitt hem med din äng.

Förälskelse

Jag ber dig, min älskade,
ligg kvar i min säng
tills solen stiger upp bland träden.
Jag har ju bäddat
med vita rosor som doftar honung,
en färg och en doft som får dig
att somna tryggare.

Du ler mot mig i drömmen,
när jag viskar i ditt öra
att du för mig är en uppenbarelse.
Jag lyssnar på din lugna andning
tills jag somnar i din rytm.

Min älskade,
där borta är gryningen!
Lämna mig nu,
om du verkligen måste göra det,
men gå över ängen
så att jag kan följa dina spår i daggen
tills solen har torkat bort dem.

Vackra Helen

Min vän Helen,
hon sjunger tills kvällen är sen
bland stora, snälla män
som behöver en vän,
min vackra Helen.
Hennes sorg är klar som ädelsten
när de hårda slår
i de svagas oläkta sår,
så är min vackra Helen.

Min vän Helen,
hon är klen om armar och ben,
kinden är blek, blicken trött
av allt motstånd hon mött,
min vackra Helen.
Hennes röst är ljus, öm och ren
när hon sjunger sina visor
för de som inte längre tror,
så är min vackra Helen.

Gubben på bänken

Jag sitter ensam på en bänk,
alla som jag har tyckt om har dött.
Livet måste ju ha sin stilla gång
men jag är ändå besviken och trött.

Ungdomar skrattar åt mig,
de stämmer upp i en glad sång
för tron på en ljus framtid
precis som jag också hade en gång.

Det nya finns i det gamla,
det hela är bara en fråga om tid.
Livet upprepas gång på gång,
men alltid i en ny, bländande svid.

Vi irrar blott omkring i tiden
i livets evigt bestämda rundgång
tills bara minnen återstår
från ungdomstidens glada sång

Kärlekens frukt

Det kom en främling till byn Kärlek.
Han kom med vinden slagen och vek.
Han var trött och halvt förtärd av åren.
Kärleken kysste hans plågade kropp
och mättade hans själ med sitt hopp.
Där föddes han åter och läkta blev såren.

Stark fortsatte han sin vida färd
och skänkte sig själv för vår värld.
Ur hans gåva växte det upp minnen
som blev en blommande äng,
läkande som en nybäddad säng,
blott synlig för godhetens öppna sinnen.

Borta är den okända främlingen
som sådde förtröstan utmed vägen
och av byn Kärlek återstår en ruin.
Men det finns en äng, evig och vit,
för alla som har hittat vägen dit
och som blott vilade och drack sitt vin.

Vissnad skönhet

Skönhet, skönhet – var är du nu?
Jag liknar mest en vissnad blomma,
för jag är blek och spröd
och värken har nu börjat komma,
så snart är jag väl död.

Skönhet, skönhet – var är du nu?
En gång var jag så frisk och kvick
att jag blev ett ideal.
Då sjöng man om min trolska blick
och jämt var jag på bal.

Skönhet, skönhet – var är du nu?
Mina kinder har fått hängivna smek
både i slott och skjul
och ändå vill jag ha mer kärlek
trots att jag har blivit ful.

Skönhet, skönhet – var är du nu?
Varje ålder lär ha sin egen fördel
men ålderdomen är tung.
Det gör ont att vara svag och stel
när man i tanken är ung.

Förtvivlan

Lås in mig i en cell
och kasta nyckeln i din bottenlösa brunn,
för himlen, vinden och solen
påminner mig om dina smekningar
som du nu ger till en annan.

Riv ut mina ögon
och ge dem till brunnens ålar,
för cellens gråa väggar och dunkla ljus
påminner mig om det jag kände
när du lämnade mig för en annan.

Låt mig få dö i dag
och strö ut min aska i din brunn
så att jag blir vattnet som du dricker.
Då är jag åtminstone en del av din lycka
som du nu känner med en annan.

Kärlekens kraft

Många gånger har jag blivit slagen
för att jag har älskat.
Det var som om mina känslor
var nakna som dina armar om min hals
då du grät av min lycka att få vara hos dig.
Jag skulle kunna kräla
genom smuts, stank och förnedring
för att åter få ge och ta emot kärleken.
Om jag då skulle finna att hon är lögn
skulle jag ändå kyssa hennes fötter
som tack för all den styrka
som hon lyckades uppbringa hos mig,
en styrka som övervinner allt
som en människa kan frukta.

Skräckens salong

Hallå, hallå, alla tivoligäster,
såväl snickare som gamla präster.
Kom och besök Skräckens salong,
för i år är det min sista säsong.
Ni får stå framför en stor spegel
som visar er alla era hemska fel
bakom era tillgjorda gester.
Ställ er i kön innan den blir lång.

Hallå, hallå, alla tivoligäster,
Jag erbjuder er personliga tester
Jag kan lova er hemska fasor
som är värre än onda sagor.
Ni ska få se in i en dunkel värld,
bakom er stolthet och högfärd
som ler så falsk på fina fester.
Ställ er i kön för bara tio kronor.

Hallå, hallå, alla tivoligäster.
Jag bjuder in er med vackra gester.
Kom och besök Skräckens salong,
för i kväll gäller rabattkupong.
Ni ska få njuta av skräckens kval
när ni ser alla era tillgjorda ideal
trampas ner till trasiga rester.
Ställ er nu i kön alla på en gång!

Som en vind

Jag smekte din kind
som om du vore blott min.
Du öppnade din grind
och lät mig bli din.
Jag försökte behålla dig
men du undkom mig
som en vind.

Jag följde ditt spår
som om jag vore blind
tills det åter blev vår
och du hade blivit trind.
Jag ville ändå vara kvar
men du var oförutsägbar
som en vind.

Jag sökte ditt svar
när jag smekte din kind.
Du lämnade mig kvar
vid en blommande lind.
Jag saknar inte dig
för du övergav mig
som en vind.

Du och jag

Vinden luktar gödslad åkerjord.
En bonde sår med en traktor.
Grinden är förfulad av slagord.
På hagen betar svartvita kor.
Du och jag.
Varför, Veronica?
Du springer före mig.
Din kjol är gul som ditt långa hår
som döljer halsens läkta sår.

Svanar syns i en naken sjövik.
En tjärad eka ligger vid ett skjul.
Flugor surrar kring en död sik.
Forsythian är skimrande gul.
Du och jag.
Berätta, Veronica?
Du pratar om mig.
Minnet har ingen plats för dåtid,
du vill bara vara här och nu i frid.

Bland bokarnas ljusgröna blad
kvittrar småfåglar högt och klart.
En kvick ekorre skyndar åstad.
I skuggan är det torrt och svalt.
Du och jag.
Förstår du, Veronica?
Dina händer svalkar mig.
Du ser moln, hör ängsliga tofsvipor.
när jag smakar dig bland vitsippor.

I valet och kvalet

Jag är vansinnigt galen i glada Helena,
vi har dansat dag och natt,
men ändå vill hon glädjas ännu mer,
tillsammans gråter vi av skratt.
Och jag hoppar av lycka då hon ler
för hon är full av känslor och spratt.
Men på festen oroas jag av Kristinas allvar,
tänk om hon inte längre vill ha mig kvar.

Jag trivs och mår bra med trägna Kristina.
Vi har spelat på långa turnéer,
men ändå vill hon jobba ännu mer
för att förverkliga sina idéer.
Och jag gläds när hon spelar på klaver
och sjunger sina senaste succéer.
Men på väg hem saknar jag Helenas skratt,
och hoppas att hon vill ha mig ännu en natt.

Jag bävar nu inför Helena och Kristina,
de har bett mig att göra mitt val,
för de har avslöjat min dubbla vals,
men det ger mig plågsamma kval.
De säger: Välj en eller ingen alls!
Men de är ju tillsammans mitt ideal.
Jag blir lycklig av Helenas spontana spex
och jag trivs med Kristinas seriösa kodex.

Helvete också!

Jag vaknar klockan kvart i sex
och dricker te till gamla kex.
Helst vill jag utbrista ett uppgivet skrik
att jag tvingas slita i en fabrik.

Jag måste springa till fabriken,
ändå kommer jag försent igen.
Chefen ger mig en taskigt hård omgång.
Jag blir förbittrad och vrång.

På fabriken kan de bara tjata
trots att jag hellre vill prata.
Men ingen har bett mig att jobba där
och gnälla över mina besvär.

Jag står vid ett löpande band
för att packa prylar för hand.
Ibland måste jag putsa chefens skor
och städa hans flotta kontor.

Jämt måste jag be en bön
för att få förskott på min lön.
Ändå är jag lojal som en hunsad dräng.
Ja, nog är jag riktigt fläng!

Äntligen är klockan kvart i fem.
Jag skyndar till mitt enkla hem.
I kylskåpet finns bara en möglig rest
från min grannes glada fest.

Jag duschar noga bort svett
och äter en klibbig omelett.
Sedan ringer jag min feta, slöa flickvän
för att få låna hundra spänn.

På kvällen dricker jag mitt te
framför en krånglande teve.
Jag sjukskriver mig för svår huvudvärk,
för annars går jag bärsärk.

Livslust

Rött hår i två flätor,
små fötter i vita skor.
Fräknigt ansikte som hjärtligt ler
åt det hjärta som hon nyss lyssnat på.
Ett leende som avslöjar allt
det hon ändå av sin älskade kan förstå
– och vill få.

Små bröst, långa ben,
huden blek men len.
I går var hon tyst och tankfull
av sitt tvivel på att kunna älska mig.
I dag kysste hon mig att njuta
av hennes glädje av kvinnan i sig
– smekt av mig.

Som en fjäril

Som en fjäril var jag när jag flög
till alla blommor som log.
Jag hade jämt bråttom och jag ljög
för jag kunde aldrig få nog.
Jag var blind och dum. Jag var så ung.
Jag ville vara blommornas konung.

Som en fjäril var jag när jag flög
på jakt efter mer honungssaft.
Blommorna log och alla dög
så länge de gav mig mer kraft.
Jag var blind och dum. Jag var så ung.
Jag trodde att livet var som honung.

Som en fjäril var jag när jag flög
än dit, än hit full av svek.
Jag samlade honungssaft på hög,
för mig var allt mest en lek.
Jag var blind och dum. Jag var så ung.
Jag var aldrig nöjd med en full pung.

Klagosång

Det är svårt att vara frisk och glad,
när man måste stressa varje sekund
i en bullrig och smutsig verkstad,
snart ser jag ut som en slagen hund.

Nog sliter jag hårt som en slav,
när jag svettas vid en bullrig maskin.
Ofta drömmer jag om sol och hav
och längtar efter svalkande vitt vin.

Direktören har blivit tjock och rik
för att jag kämpar med mitt ackord.
Han har sin segelbåt i en egen vik
och har köpt ridhästar till sin gård.

Jag svarvar oförtrutet varje vardag,
ändå förblir min lön löjligt skral.
Varje gång jag blir trött och svag
kommer förmannen och håller tal.

Tidsstudiemannen är en person,
som muntert mäter mitt ackord.
så att jag ska öka min produktion
för att slå ett personligt rekord.

Jag plågas av buller, damm och jäkt
och jag har svår värk i en knäskål.
Men fackbossen smilar bara käckt
när jag kommer med klagomål.

Kamraterna är hyggliga män,
de pratar om bilar, sport och tips.
I dag ska jag begära förskott igen
för att bjuda dem på öl och chips.

Varje helg satsar jag på spel
tillsammans med min bästa vän.
En vinst kan ge oss frisedel
från usla ackord och elaka förmän.

Min barndom

Även jag har knackat på en dörr
som döljer allt det som var förr.
Den dörren är angripen av rost
som om den alltid har varit låst.

Där finns min barndomsvärld
med en blommande trädgård.
Då var jag en riddare med svärd
som var modig och rättvist hård.

Far var kung och mor drottning,
vårt hem var mitt präktiga slott.
Jag slogs mot alla onda ting
och försvarade det som var gott.

Någon har nyckeln till en dörr
som döljer allt det som var förr.
Men det krävs nog mer än slag
om man ska upphäva tidens lag.

Men där finns min barndomstid
som har skänkt mig ljusa minnen.
Då kände jag livsglädje och frid,
för jag levde med alla sinnen.

Min barndom lyste av kärlek
som fick bli så varm och öm
att nuet känns tråkigt blek
och framtiden som en mardröm.

Övergiven

Solen försvann bakom stormiga vågor
när du övergav mig med ett språng.
Nu är stranden fylld av ledsna frågor
där jag förut hörde din darriga sång.

Din mun kysste jag varje kväll,
du tyckte att jag var manligt stark.
Jag lovade att vara trogen och snäll.
när vi dansade tango i Folkets park.

Du vet att jag behöver ditt stöd,
för du är mitt hjärtas soluppgång.
Du sjöng med en så härlig glöd
när jag spelade gitarr till din sång.

Du försvann med havets bränning,
när du såg mig vila i en okänd barm.
Jag fick bara grepp om din klänning,
när jag förtvivlat räckte efter din arm.

Din fina klänning ska jag spara,
för den skull kommer du nog i retur.
Då ska jag passa på att förklara
att äkta kärlek håller i ur och skur.

Profeten

Profeten haltar på en krokig stig
som kantas av girighet och krig.
Han letar efter två stabila kryckor
bland fattiga som fortfarande tror.

Profeten ser förtryck och nöd,
i samhällets förlamande överflöd.
Ingen ids att vandra hans fotspår,
de flesta beter sig som fogliga får.

Profeten sörjer inte stängda kyrkor,
det han behöver är ett par kryckor
för att kunna fortsätta sin vida färd
i en sönderfallande självisk värld.

Profeten lovar rättvisa för trälar
och tröstar utfrusna, fattiga själar
när de tillverkar två rejäla kryckor
som ska hålla i en tid full av olyckor.

Profeten anklagas vara en bluff
vars budskap skapar oro och gruff.
Han borde dränkas med sin tro
säger de som vill ha lugn och ro.

Profeten skäller på en arrogant elit
som utnyttjar andras hårda flit
och bestämmer helt över deras färd
för att själv kunna njuta av lyxig flärd.

Profeten rånas på sina kryckor
i en glömd gränd med trasiga lyktor
efter att ha hållit ett anklagande tal
i konsumenternas magnifika sal.

Plågsam upptäckt

Jag upptäckte i går att jag är ensam
och beslöt mig för en modern död:
Jag skjuter mig i protest mot krig.
Ingen får tro att jag dör i själslig nöd.

Min protest blev ett nervöst hångel
med en olycklig kvinna, full och rädd.
Tänk om döden är ett värre tillstånd!
vrålade jag berusad i en smutsig bädd.

Det är rått att blotta ensamheten
för de som inte upplevt dess tomhet.
Det vore som att trycka sin känga
på en nunna som ler av äkta fromhet.

Ingenting kan förjaga ensamheten,
när man har stängts in i dess svarta rum.
Lyxbilar, aktier, dyr whisky och resor
lindrar inte smärtan av ett liv i vakuum.

Jag får helt enkelt leva som förut,
ta långa promenader med min hund
och spela boule med mina grannar
tills jag faller ner i min egen avgrund.

Kanske då

Hela din gestalt skriker efter mig,
att jag ska våga stanna kvar hos dig.
Stark och våldsam som en vårflod
kastas dina känslor fram i strömmen.
Länge har du älskat mig i drömmen,
ändå vädjar jag till ditt tålamod.
tills du kan se vår gemensamma stig.

Du blev förtvivlad och vrång
när jag avvisade dig än en gång.
Jag vill först veta om du älskar mig.
Ditt svar får jag när din gestalt
slutar skrika blint efter mig i allt.
Först då får du följa mig på min stig
som är löftesrik och evigt lång.

Livet är pest

Det känns hopplöst att knoga
för en bonde som är hård.
Jag måste mjölka och ploga
som en slav på hans gård.

Mitt kyffe är fullt av fukt
och befolkas av möss.
Allt är inpyrt av möglig lukt,
i väggen kryper massa löss.

Bonden bor i ett stort trähus
med fru, tre barn och en hund.
Barnen plågar mig med bus
och frun är smutsig och osund.

Ja, livet är pest
för en fattig dräng som jag.
Jag sliter som en häst
och är hungrig varje dag.

Bonden snålar med mat,
jag får aldrig äta mig mätt.
I dag åt jag en rutten tomat
till en gammal blodplätt.

Och ingenting är gratis
utom bondens grova vrål.
Jag stinker som en gris
för jag har inte råd med tvål.

Jag vill smita från min nöd
men vart ska jag bli av?
Bonden blir nog min död,
och gödselstacken min grav.

Ja, livet är skit
för en hunsad dräng som jag.
Jag lever på kredit
trots att jag jobbar varje dag.

Idealistens sång

Jag avskyr kapitalismen
för att den förstör skogen och floden
och härjar likt en parasit.
Den vill göra vinst på allt på jorden,
för dess gud heter profit.
Jag vill vara en del av naturen
precis som de vilda djuren
och värna om luft, vatten och jord,
för de är detsamma som mitt blod.

Jag avskyr kapitalismen
för att den förslavar allt fler mänskor
när den gör vinst på andras slit.
Den saknar all ånger och känslor
för att utvinna mer profit.
Jag vill fördela tillgångar rättvist,
så att alla kommer på grön kvist.
Ingen ska tillåtas leva i överflöd
på andras svett, möda och nöd.

Jag avskyr kapitalismen,
den förhärligar krig som prakt,
för den är ondskans bandit.
Den skickar unga män till slakt
för att utvinna mer profit.
Jag vill ha en nation för alla länder
där alla umgås som själsfränder.
Då behövs inga vapen och vinster,
fängelser, härskare och kapitalister.

Tröst för grisen

Du min stora, feta gris,
som hellre vill vara dräng som jag
trots att du är klok på ditt vis.
och får äta dig proppmätt varje dag.

Kanske har du rätt,
det är bättre att vara dräng än gris.
Du ska ju en dag bli fläskkotlett,
men även jag får betala ett högt pris.

Jag sliter i anletets svett
från morgon till kväll som dräng
för att du ska bli komplett
som god middag för en rimlig peng.

Du min stora, feta gris
som hellre vill vara dräng som jag
trots att du får allt gratis
och att din spilta görs rent varje dag.

Jag måste slita för mitt bröd,
så att jag ofta blir trött och svag.
Innan du möter din död
får du i alla fall njuta av varje dag.

Frukta inte slaktarens kniv,
han dödar dig med en snabb gest.
Så var glad över ditt korta liv,
för en lycklig gris smakar alltid bäst.

Flykt från tvång

Jag minns inte hur han såg ut,
men han sa: Du tror för mycket!
Jag började studera fakta
för att stå pall för grupptrycket.

Jag är helt säker på att orden
kom från en granne: Du är för torr!
Jag kastade mig över samlag
och studerade en massa hårdporr.

Jag trodde jag hade funnit mig själv
tills det sades att jag var inskränkt.
Jag uppmanades att vara flexibel.
men i stället kände jag mig kränkt

Jag slog dövörat till all kritik,
då sades det att jag var för känslig
och att jag saknade förståelse,
andra sa att jag inte ens är mänsklig.

Jag sålde min centrala lägenhet
och köpte en urgammal bondgård
med en sjö och en stor granskog
långt bort från mode och själavård.

Jag sår min jord, mjölkar min ko,
fångar fisk i nät och bakar bröd.
Jag har rent vatten i brunnen,
och jag har frisk luft i överflöd.

Jag öppnar dörren i gryningen
och njuter av naturens atmosfär.
Jag har äntligen hittat en plats
som omfamnar mig som jag är.

Döende framtid

På en sandstrand
ligger framtiden i smärtor.
Hon rodnar i regnbågens färger
men andningen är lugn.
En till två tidlösa timmar
har hon legat snett mot stranden,
tyst och stel inför turisternas blickar.
De vet att framtiden är döende
och hur de kan rädda den
men ingen är beredd att betala priset.

Plötsligt spänner hon upp sig,
hoppar upp mot himlen
och flyger runt jorden
tills hon slutar att andas.
Långsamt faller framtiden döende
snett mot stranden
bland badande turister
som är så upptagna av nuet
att de städar bort stanken.

Vågor, lågor

Mitt mål blev min egen död
och några få uppsåt
på tidens vågor.
Livet var hett som glöd
och jag som en båt
som slog i lågor.

Jag for mot en öde strand,
det var mitt försåt
på höga vågor.
Vinden satte mig i brand
och jag som en båt
som stod i lågor.

Min färd var mitt beslut,
jag ville blott framåt
på tidens vågor.
Branden tog sin tribut
och jag som en båt
som sjönk i lågor.

Själ i nöd

Du ville åter be för godhet,
den där hösten en kylig kväll.
Jag ifrågasatte din bön
när jag följde dig till ett kapell.

Ofta önskade jag att din kärlek
till människorna skulle bli svag,
för du led av att det pågick,
förtryck, krig och svält var dag.

Jag var orolig för din hälsa
för att din själavånda var så djup.
I stället borde jag ha insett
att du redan då stod vid ett stup.

Jag trodde att det hjälpte dig,
att jag sa att min lojalitet består,
men du ville ha svar på frågan
varför vissa går i ondskans spår.

Efter din bön lovade jag
att vi skulle plocka saftiga bär
på vårt hemliga ställe vid ån
och som vanligt leka tafatt där.

Men du kom aldrig till ån,
du somnade för evigt i din nöd.
Jag var besviken på mig själv,
jag borde ha lyssnat på din bön.

Förälskat par

Ur ett litet grått, vindplågat tält
vid ett regnskadat havrefält
stiger ett par ut och börjar gå.
Gryningen breder ut sitt ljus
och de går i förälskelsens rus
förbi en spelhall och en Expressbyrå.

De går långsamt mot stranden,
håller tysta varandra i handen
som om de lyssnar på sina känslor.
En mås skränar från ett halmtak.
På bakgården står rostiga bilvrak.
I tält och husvagnar sover mänskor.

På den nedskräpade stranden
lägger de sig i den mjuka sanden
och solen smeker deras nakna hud.
De förlitar sig på att deras lidelse
är mer än en somrig villfarelse.
För älskande par finns inga förbud.

Jag älskar dig

Jag älskar dig
för att du kan förlåta
alla mina misstag
och få mig att gråta
och vara svag.

Jag älskar dig,
det är de enkla orden
för en naken frihet
som vi får på jorden
om vi tillber livet.

Jag hoppas ändå
att du ska förstå
att mina ord ges av kärlek
trots mina dumma svek.

Jag älskar dig,
du är min största lycka
och din ömma godhet
vill jag gärna smycka
med evig trohet.

Jag älskar dig,
jag kysser vår förening
som öppnar alla grindar
för en ny, vacker mening
i varma vindar.

Nog har jag förstått
att allt jag har fått
är lika äkta som dina tårar
för allt det som sårar.

Hon dansade

Hon dansade vid havet
i solens heta famn
i väntan på sin sjöman
som fanns i någon hamn.
Men då kom en greve,
han var stilig och hade charm
och hon blev snart så varm.

Hon glömde sin sjöman
som fanns i fjärran land.
Greven lovade kärlek,
hon gav honom sin hand.
Nu var hon så lycklig,
hon miste all sin goda sans
och ville bara vara hans.

På våren blev hon gravid
och födde en flicka.
Då blev hon konstig,
hon måste jämt hicka.
Greven försvann i fjärran,
hon stöttes ut av sin släkt
och dog fattig och knäckt.

En dag kom en kapten,
det var flickans kärlek.
Han fann hennes dotter
hon var fattig, svag och blek.
Han lovade trohet,
hon räckte honom sin hand
och seglade till fjärran land.

Sov du nu

Sov du nu, min lilla vän,
känn dig trygg här vid mig.
Jag har blivit lugn igen
av all kärlek jag fått ge dig.

Månen lyser på min hand
när jag smeker ditt hår.
Vi förenas av ett band
som bara vi förstår

Sov du nu, min lilla vän,
vår kärlek är evigt sann.
Vi vill aldrig skiljas igen,
för nu kan vi se varann.

Du klev in i mitt liv
som en storm från ett hav.
Det blev skrik och kiv
innan vi förstod våra krav.

Sov du nu, min lilla vän,
månen prisar vi i kväll,
den har enat oss igen,
så att jag kan vara snäll.

Nu är du så tyst och öm
här vid mig i vår vita bädd.
Du tror allt är blott en dröm,
därför är du ännu rädd.

Hoppsan!

Aj, aj, aj, aj – jag har ont i huvet,
jag har druckit brännvin hela natten lång.
Aj, aj, aj, aj – jag har ont i huvet,
jag har blivit ensam, elak och vrång.
Men vad ska jag göra
när jag är så plågsamt allena?
Jag super tills jag stupar
för att orka med att leva.

Oj, oj, oj, oj – ge mig mer brännvin,
för att i kväll ska jag ha kul på en fest.
Oj, oj, oj, oj – ge mig mer brännvin
så att jag åter kan vara värst och bäst.
Men vad ska jag göra
när jag inte är en charmör?
Jag super som en idiot
för att vara på gott humör.

Nej, nej, nej, nej – jag orkar inte mer,
flaskan är tom och löningen redan slut.
Nej, nej, nej, nej – jag orkar inte mer,
jag avskyr mig själv varenda minut.
Men vad ska göra
när livet känns hopplöst?
Jag är bara tacksam
när brännvin ger mig tröst.

Existens

Lätt har jag att stort lova
när jag vill släcka min vilda törst
för att sedan stilla sova
mot min älskades mjuka bröst.

Framtiden är ett dåligt skämt
och bekymren blott en bagatell.
Naket är allt som förut skrämt,
jag är bara mätt och det är kväll.

Jag vill bara njuta av att vara
och höra min älskades hjärtslag
utan att behöva förklara
vad jag måste göra nästa dag.

Kärleken stannar tidens gång
för att vänta på en bättre framtid.
Som en fjärilslarv i en kokong
vilar jag tryggt i min älskades frid.

Gammal arbetare

En gammal man haltar
när han går barfota
på en nyklippt gräsmatta
i stadens frodiga park.
Han stöder sig med en käpp,
hans värkbrutna kropp
kröktes efter femtio år
vid samma maskin i en verkstad.
Men hans syn är skarp,
så att han kan njuta av parkens
färggranna rabatter.
Det är hans sorg och glädje
att han kan se allt det vackra,
där han som pojke har lekt,
full av lycka och upptåg,
innan han klev in i verkstaden
för att svarva bultar på ackord
år efter år.

Skål kärring!

En kväll fick gumman Märta
spasmer, feber och hosta.
Varje dag skrek hon av smärta
tills hon dog i frossa.
Då höjde gubben glaset:
– Skål kärring för din eviga vila!
Förlåt att jag köpte brännvin
i stället för din medicin.

Märta fick ingen gravsten,
för gubben måste snåla.
Men hon var fin och ren
när hon lades i en håla.
Då höjde gubben glaset:
– Skål kärring för din jordafärd!
Jag skjuter en rejäl salut
för jag har kvar lite krut.

Nu var gubben ensam
med sin flaska brännvin.
Han kände sig ledsam
och saknade fruns grin.
Då höjde gubben glaset:
– Skål kärring för din goda vilja!
Förlåt att jag inte var snäll,
det var rätt att ge mig skäll.

Gumman och drängen

En gumma smög ut till en dräng
som väntade vid havets mjuka strand.
Han mötte henne med en skön refräng
och hon kysste tacksamt hans hand.

Gummans man var ond och sträng,
han skällde och slog henne varje dag.
Hennes tröst var gårdens fattiga dräng
som var öm, klok och full av behag.

Han talade om avlägsna planeter
som om han hade vistats där hela livet.
Han lärde gumman vad filosofer heter,
och att alltid ta hans hopp för givet.

Han sjöng att solen sover på natten
för att ge älskande par lugn och ro
och att månen blänker över vatten
så att sann kärlek ska kunna gro.

På natten är han en poet som vet
hur man hittar nyckeln till livets gåta.
I hans famn blir gumman en skönhet
som förstår värdet av att förlåta.

Minns du?

Minns du när du sa
att du skulle göra allt för mig
om jag ville svara ja?
Men jag log och dansade tvist
och du kallade mig dysterkvist
för att jag tvivlade på dig.

Det var en bravad
att du kunde övertyga mig.
Du blev så glad,
att du höll ett högtidligt tal
men snart bröt du vårt avtal,
allt var bara en lek för dig.

Jag vet att du minns
dina vackra ord och din bön,
att få bli min prins.
Vad är det som återstår?
Bara du som inte förstår
att jag var mer än blott skön.

Borta är vårt heliga avtal
men kvar är ju jag och du.
Kryp nu ur ditt stolta skal.
Jag ska glömma det som var.
Du behöver inte ens ge svar,
bara du pratar med mig nu.

Vår kung

Två stolta arméer möttes på en slätt,
för vår kung ville utvidga landets gräns.
Kungen manade: Kämpa för vår rätt,
ge fienderna på nöten så att det känns.

Kungens armé trodde på framgång,
soldaterna travade först, vår kung sist.
Slaktandet varade hela dagen lång
för att uppnå en final på en gränstvist.

Som så oändligt många gånger förut
kämpade de för kung och fosterland,
när de plundrade vid varje husknut
och satte böndernas skördar i brand.

Kungen tvingades göra halt till slut
för att kräva sitt folk på mer tribut
för fler soldater, vapen och mer krut
för hans nya krigiskt djärva beslut.

Kungen hyllas för sina glansdagar,
hans strider har blivit en berättelse
och soldaterna ligger i massgravar,
de väntar förgäves på upprättelse.

Ur ett brev

Du lovade att vara mig trogen
när jag följde med dig till logen.
Du fick mitt hjärta att brinna,
jag ville bara vara din kvinna.

Men du lekte med min kärlek,
jag gråter ännu över ditt svek.
En dag blev du grym och hård,
så att jag måste lämna din gård.

Jag var bara en fattig piga
som lärt sig att lyda och tiga.
Jag kunde sy, mjölka och baka,
så jag hade dugt som din maka.

Jag måste flytta in till stan,
där födde jag en son, ditt barn.
Du valde en annan till fästmö
och jag trodde att jag skulle dö.

I stan kallar de mig horan Tyra,
jag säljer sex för mat och hyra.
En gång om året är du min kund,
då ger jag dig en kärleksfull stund.

Då smeker jag dig som i logen,
den kväll du ville vara mig trogen.
Du äger fortfarande min kärlek
trots att du är gift, fet och blek.

Minnena vissnar

Mina dyrbara minnen förtvinar
likt gulröda löv en frostig natt.
Jag hör iskalla vindar som ilar
så plågsamt att jag blir matt.

Minnen som fick mig att glöda
håller på att förvandlas till jord.
De sviktar och ska förblöda
i mitt plågsamt ödsliga vemod
tills det bara återstår
en tunn, tom dekor.

Mörkret kommer med sin kyla
och förlamar alla mina sinnen
tills jag bara förtvivlat orkar yla
över mina vissnande minnen.

Minnena ska torka till damm
och sköljas ner i någon kloak
men jag känner ingen skam
att jag är på väg att bli ett vrak,
för ingen kan förstå,
att jag vill återuppstå.

Kärleken

Plocka din famn full med blommor,
dra in doften
och du berusas av livet.
Men välj en blomma
och du förnimmer kärleken.

Varje sorts blomma i ängen
avger en egen doft
som varje människa har
för alla som älskar henne.

Lägg den utvalda blomman
i din finaste vas
och fyll den med rent vatten,
så blommar den länge
blott för kärleken.

Recept

Det är ditt ego
som när ditt hat
så var alltid redo
för din psykopat.

Bli inte beklämd,
när din psykopat
pratar om hämnd,
för den är rabiat.

Ta fram ett stålfat,
fyll det med bensin,
lägg i all ditt hat,
krydda det med vin.

Sätt eld på fatet
så att du kan höra
det frätande hatet
skrika nåd i ditt öra.

Låt elden bränna
ditt tärande hat.
Då lär du känna
din egen psykopat.

Evigheten får vänta

Överallt kan jag höra din sång
som du skrev för mig en härlig vår.
Sången var ditt farväl till livet,
för din sjukdom blev till slut för svår.

Din sång ska vägleda mig
hela vägen till din nya eviga hemort.
Jag behöver bara följa sången,
lovar du, tills jag kommer till din port.

Jag drömmer om dig varje natt,
och din sång uppfyller hela mitt jag.
Det är som om du inte vill vänta
tills jag har blivit gammal och svag.

I mina drömmar berättar du
att i din nya värld finns inget slut,
där blommar alltid röda rosor
och din famn är lika mjuk som förut.

Du säger att jag inte ska frukta
för att förenas med dig i evigheten.
Men jag tvekar ändå att ta steget,
för jag är så förtjust i verkligheten.

Härskare

Diktatorn fick folket lätt som en plätt,
några snabba lögner och taktiskt fusk
och makten blev hans lag och rätt
trots att han ertappades med snusk.

Han täppte hoppets alla kryphål
och låste in alla som visade mod.
Han mötte protester med hett stål,
så att friheten drunknade i sitt blod

Diktatorns propaganda blev lag
när han brände sanningar på bål.
De fattiga fick mat och bidrag
och de mäktiga levde i ståt och prål.

En enkel kapten från livvakten
ansåg att diktatorn var avskyvärd.
Med våld tog han över makten,
han lovade folket rättvisa och välfärd.

Han valdes att härska i en evighet,
folket fick rätt att rösta på ett parti
och tilläts leva i ekonomisk frihet,
att bli rika och satsa på teknokrati.

Vår ledare

Vår ledare är en hygglig typ,
övervakad av lakejer.
Vår ledare är rädd för döden,
därför vann han valet.
Vår ledare gillade att meta,
när han var pojke.

Visserligen har folket rösträtt.
Visserligen fanns det en utmanare
och han fruktade ingenting.
Under valet sänktes hans budskap
i skandalernas brunn.
Politiskt självmord, sades det.

Klyftan mellan ledaren och folket
fylls med kapitalismens lojala lakejer.
De sår vanmakt, splittring och lögner
så att allt fler tror på vad de säger.

Poeter diktar kärlek, journalister ljuger
medan folket ropar efter rättvisa val.
De har stenat ledaren i sina drömmar
men blott få vågar hålla kritiska tal.

Folket tror att det är på ledarens order
att utmanaren krossades med förtal
och att kapitalismens onda lakejer
slår ner alla krav på ett rättvist val.

Från talarstolen
tackar ledaren folket
för att de valde honom till makten.
Från talarstolen
ser ledaren på folket
och säger: Respektera demokratin!

Framför talarstolen
står folket och hatar ledaren.
Bakom talarstolen
trycker lakejerna en pistol
mot ledarens rygg,
osäkrad för kapitalismens frihet.

Ett träd

Trädet blir vist genom att leva
på samma plats hur länge som helst.

Trädet kan se dig när du vilar
i dess skugga med dina drömmar.

Trädet lindrar dina smärtor
när du omfamnar dess grova stam.

Trädet känner din kärlek
när du ristar känslor i dess bark.

Trädet lyssnar på dina tankar
när du skördar dess mogna frukt.

Trädet kan förstå att du
ska hugga ner det för ditt hem.

Trädet kan inte fly från hot,
därför blir det med tiden så vist.

Trädet skänker dig visdom
om du tar dig tid att lyssna på det.

I gudarnas sal

Damm blåser in i din variga käft
när du skriker efter gudarnas nåd.
Men bara en självutnämnd präst
har tid att lyssna och ge dig råd.

Prästen säger: Jag är trons ombud,
jag har druckit ur gudarnas graal.
Därför ser jag att du söker en gud
som kan lindra dina frätande kval.

Du får veta att gudar inte kan dö
så länge du söker och är stark i tron.
Han säger att de är hela din miljö,
för de är densamma som tillvaron.

Prästen eldar upp religiösa don,
för att värma gudarnas övergivna sal.
Han säger att alla har förkastat tron
och att de skrattar åt hans griftetal.

Han säger att människans misstag
är att hon blott litar på sin styrka.
Vetenskapen har blivit hennes lag,
den har blivit hennes gud och kyrka.

Döden kommer

Döden kommer i retur,
så snabbt och flyhänt
att vi blott ser dess kontur
när den har återvänt.
Plötsligt är det din tur
att bli dödens gäst i eviga tider
hur du än vädjar och kvider.

Döden står jämt på lur
för sin dagliga skörd.
Varken människor eller djur
undkommer sin död.
Plötsligt är det din tur
att bli dödens gäst i eviga tider
hur du än sprattlar och strider.

Döden är en trogen filur,
den är rättvis men hård,
den hämtar alla i ur och skur
till sin jämmerliga gård.
Plötsligt är det din tur
att bli dödens gäst i eviga tider
hur du än bugar och niger.

Stjärnornas nymf

Stjärnornas skönaste nymf,
hon irrar omkring i natten
likt sländor över mörka vatten.

Du kan se nymfen dansa
när hon på natten vill förföras.
Då är vattnet insvept i dimma
och stillhetens tystnad kan höras.

Stjärnornas skönaste nymf,
hon försköts av solen
för att hon vill vara otrogen.

Det är på natten i augusti
som du kan se nymfens dans.
Hon dansar med dimman,
alltid tyst till månens glans.

Stjärnornas skönaste nymf
hon dansar över mörka vatten
för att hon vill förföras av natten.

Lyssna till tystnadens sång,
när du väntar på nymfens dans.
Låt dimman svepa om dig,
först då ger hon dig en chans.

Legosoldaten

Hej du legosoldat herr Våld.
Din vilja är för alltid såld.
Du har inga vänner.
Du har ingen kärlek.
Du har inget hem.
Men du har en massa bly
för barnfamiljer i en fattig by.

Horan hör ditt skratt,
lika gammalt som våldet.
Hon känner dina händer,
lika hårda som stålet.
Då vet hon att du är legosoldat,
som dödar för guld, vin och mat.

Hej du legosoldat herr Våld.
Din tanke är för alltid såld.
Ta ditt gevär.
Ta dina granater.
Ta din grymhet.
Återvänd till våldets domän
där bybor väntar på att ge igen.

Horan ser ditt leende,
elakt som hånfulla skratt.
Hon ser din blanka blick
tom som en stjärnlös natt.
Då vet hon att du är legosoldat
som känner varken kärlek eller hat.

Livet en gåva

Livet är en gåva.
Hon har gett mig allt som krävs
för att kunna njuta av henne,
själviskt, intensivt, kraftfullt
med hela mig själv.

Ibland är jag besviken på livet
för att hon har gett mig förmågan
att njuta av hennes gåvor
med hela mig själv,
för en dag tar hon tillbaka allt,
jag har mig bara till låns.

Jag vill trots det vårda
denna unika gåva
efter min bästa förmåga
med öppna ögon,
med mun och öron,
med allt som livet har skänkt mig
tills jag når slutet på min livsstig.

Vägval

Kärleken är god,
den är gjord av jord.
Sår du en näve frön
blir din mark snart grön.
Så är all kärlek
inför kyssar och smek.
Öppna nu din famn
för din nästas kärlek,
den är en okänd hamn,
full av skratt och lek.

Ondskan är gift,
den är en dödlig drift.
Kvar blir bara kval
där den håller tribunal.
Den sprider hat
som lögnens advokat.
Ge den ingen chans
att luras med fint prat,
den vill blott ha revansch,
ty den är en psykopat.

Lojal soldat

Min stackars far var mäkta stolt
när han blev kapitalismens soldat.
Generalerna fick ära och medalj,
far fick blott smaka på en granat.

Han sade: Jag rycker ut i kriget,
för jag vill försvara frihet och fred.
Han trodde på maktens lögner,
det var orsaken till att han stred.

Han sköt mot sina bröder,
dödades av en annan rädd soldat.
Unga män slaktades i löpgravar,
de trodde på fosterländskt prat.

Far tyckte att jag pratade strunt
när jag sade att kriget var ett gräl
mellan ländernas kapitalister,
allt annat snack var bara svepskäl.

Jag ansåg att han hade skäl
att i stället döda någon dignitär
eller till och med sitt befäl
när han ändå fick bära ett gevär.

Nu gjorde han sin fåniga plikt,
och dödades med en granat.
De rika överlevde sin konflikt
för att han var en lojal soldat.

Turisten

Vid lyxhotellets tomma pool
ligger en tjock, medelålders turist.
Han tröstar sig med billigt vin,
för att glömma att livet är trist.

Han har en tidning på huvudet,
där han slöar uppgivet i fällstolen
och smygtittar på fina kroppar
som ligger utvikta i den heta solen.

Han har läst att skogar brinner
och att det är akut brist på vatten.
Men han bryr sig inte längre,
så länge han kan festa på natten.

Han vet att en ständig tillväxt
kan få turistorten att bryta ihop.
Det kan vem som helst begripa
när man hör bybornas klagorop.

Han har semester på dyr kredit
för att vila sig från sin gråa vardag.
Hemma väntar ekonomisk kris
och ett dåligt avgångsvederlag.

Hans vardag är en enda lång kamp,
hans kompetens ersätts av en app,
så att han blir överflödig på jobbet
och riskerar sluta som en fattiglapp.

Han dricker en flaska billigt vin
och lämnar vacklande fällstolen.
Han känner sig uppgivet trött,
när han pissar i den tomma poolen.

Kärlekens villkor

Kärleken vilar i en trädgård
bland blommor, fjärilar och djur.
Hon spelar några ackord
till en smäktande melodi i dur.
Hon sjunger:
– Om du vill ha min frihet
måste du förstå
att meningen med livet,
är att ge och få.

Kärleken simmar i en sjö
bland fiskar, fåglar och sländor.
Hon sjunger att hon vill dö
om du snärjer hennes känslor.
Hon sjunger:
– Min lust kan du vinna
men inte min frihet
så länge du inte kan finna
kärlekens vishet.

Kärleken flyger över träd
bland fåglar, dofter och blåst.
Hon tar emot all din säd
och lägger den i en kompost.
Hon sjunger:
– Jag tror att du nu vet
att du måste förstå
att kärleken gror i frihet
för att kunna bestå.

Första kyssen

Han finner flickans händer
på en fest på hennes gymnasium,
de går till svag belysning,
sätter sig hopplöst nära varandra
för att diskutera plugget
men i stället pratar han om henne.

Han berättar om sin glädje
över deras lekfulla veckor
på sommarlovet.
Han tycker att hon är änglalik,
det blonda, långa håret
ramar in ett runt ansikte
med fräknar på en liten näsa.

Han ser bara flickans blick,
som är ljusblå som himmelen,
när hon säger i förbifarten:
Jag är kär i en annan.
Han lämnar förkrossad festen
för att aldrig återse henne.

Sedan dess har femtio år förflutit.
Vart flickan tog vägen
och hur hennes liv gestaltade sig
ids han inte ta reda på,
han vill blott minnas en vacker flicka
som gav honom den första kyssen
som om hon vore kär i honom.

Anpasslingen

Jag är så förbannat trött på
att ständigt dölja min uppfattning
med falska leenden och fraser
för att få kollegernas uppskattning.

Jag vill inte hudflängas och hånas,
inte heller spoliera mina projekt,
för att mina åsikter ibland avviker
från det som anses vara korrekt.

Det är enkelt att ta reda på
vilka åsikter som i tiden har förtur.
De frodas i de stora tidningarnas
ledarsidor, debatt och kultur.

Jag vill bara spy på skribenter
som lever på att ha rätta åsikter.
De hukar ängsligt i sin sköra sfär,
när de slaviskt följer sina plikter.

Jag vill höra avvikande åsikter
men många har infört självcensur.
Om vi inte vågar debattera öppet
borde vi lika väl införa diktatur.

Varumärkets öde

Det som en gång var jag
dyker upp i mina drömmar
som inte längre är min verklighet.
Jag famlar efter det förflutna
trots att det har blivit
ogripbart som dimman,
för allt jag har kvar
är en karikatyr av mig själv.

Det som jag fann självklart
har förlorat sin mening.
Det kan tyckas vara banalt,
många har lidit mycket mer än jag
men för mig är det värre
än all smärta jag sett hos andra.

Min strålande karriär
har gjort mig till ett varumärke.
Vad betyder framgångarna nu
när jag inte har kvar något
som en gång var jag?
Jag är så ensam
bakom min fina fasad.

Förrädaren

Jag är hellre feg än en död hjälte,
jag fogar mig hellre i förtryck
än avrättas för motstånd.
En död hjälte kan inget göra,
men så länge jag lever
så finns det hopp om ändring.
Jag måste bida min tid.
Förr eller senare faller förtrycket.
De nya makthavarna
kommer att ställa mig inför rätta
för de som jag har förrått.
Jag är beredd att vittna
om förtryckets grymheter
och om mina brott
som jag tvingades begå
för att överleva i en diktatur.
Jag är beredd att ta mitt straff
i ett demokratiskt samhälle.

En mardröm

Jag har haft en mardröm
som skakade om mig ordentligt.
Jag drömde om en värld
där människorna drabbades
av en pandemi som förvandlade dem
till fredliga, snälla varelser.

De levde i en värld
som hade avskaffat gränser.
Folkdemokratin var ett faktum.
Alla kunde förverkliga sina talanger.
Det fanns ingen polis, inga fängelser
och inga soldater och p-vakter.
Det fanns nyttig mat för alla.
Tillgångarna fördelades
efter var och ens behov.
Miljön var ren som källvatten.
Litteratur, musik och teater
var viktigare än teknik och rekord.
Samarbete hade ersatt tävlingar.
Sjukvården var öppen för alla
och alla fick själva avgöra
när de ville dö.

Jag vaknade kallsvettig
ur den utopiska drömmen.
I en sådan värld vill jag inte leva,
för människan är ond och god,
det är hennes drivkraft.

Vägen till friden

Jag har vistats på hopplöshetens hav
och återvänt med bottenlös ånger.
Jag har berusats av kärlekens sav
och vaknat till frälsningsarméns sånger.

Mina nätter har varit ogripbart långa,
jag har frusit på bänkar i stadens park.
Många som jag har mött var vrånga,
om jag var i vägen gav de mig en spark.

När jag inte hade något mer att förlora
snubblade du på mig i en mörk gränd.
Jag var bara en trashank, du en hora,
men jag såg att din själ var svårt bränd.

Jag kunde tolka din smärtsamma sorg,
det gav mina erfarenheter en innebörd.
Jag mötte ondskan på gator och torg,
så du visste att jag kunde läka din nöd.

Djup saknad

Jag känner en djup saknad
när jag dansar tango för mig själv
som om jag har slarvat bort kärleken.

Jag minns inte kärlekens
former och dofter och färger,
men jag skulle ändå känna igen henne.

I dansen förnimmer jag kärleken
när jag följer hennes steg,
rytmer och livsglada rörelser.

Jag förstår att just det jag saknar
är allt det hon vill vara för mig
när jag dansar tango.

Guds sanning

– Gud! Befria mig från illusioner
så att jag ser din sanning om livet.

Gud frågade den unge mannen:
– Vill du verkligen se min sanning?

– Ja, jag vill! Men mina illusioner
vilseleder, förvillar och lurar mig.

Gud svarade den unge mannen:
– Då måste du ge mig dina ögon.

– Men då blir jag ju blind!
Jag kommer att irra i ett mörker.

Gud svarade den unge mannen:
– Just det är sanningen om livet.

– Varför kräver du ett så högt pris
för att jag ska se den sanningen?

Gud svarar lugnande:
– Först då kan jag bli dina ögon.

Minnet en lögnare

Jag är i alla fall säker på
att ingenting var bättre förr i tiden,
det var bara annorlunda,
för jag vet att minnet är en lögnare
som ljuger för nuet och framtiden.

Jag lever endast för nuet,
för det förflutna gör mig illamående,
det stinker av hat och hämnd.
Det upprepar sig som en refräng
och smetar ner nuet och framtiden.

I vår stressiga färd i nuet
lämnar vi kvar skärvor av minnen
som lurar många att tro
att de behöver studera det förflutna
för att förstå nuet och framtiden.

Slå gycklaren!

Ge gycklaren en smäll på käften,
det förtjänar han till hundra procent,
om han gör sig lustig över dig
och andras lyten, misstag och accent.

Gycklaren är ett äkta psykfall,
han njuter av att skoja och klandra,
hans ego växer med applåderna,
hans livskraft är att förlöjliga andra.

Min vän utsattes för en gycklare,
som skojade som om han vore besatt.
Han var en svår plåga för alla
som utsattes för hans plumpa spratt.

Han raljerade om min väns flint
som han försökte dölja med en tupé.
Historien om vännens komplex
blev en långkörare på fest och supé.

De gånger gycklaren skälldes ut,
klagade han över att ha tolkats fel
tills han fick en godtagbar ursäkt,
för vitsen var bara ett harmlöst spel.

Nej, följ mitt råd, slå gycklaren,
du får möjligtvis betala för ditt slag,
men belöningen blir minnesvärd
när han gråter över sitt patetiska jag.

Ung och gammal

Den unge mannen sa:
– Allt är möjligt,
om man bara vill försöka!
Satsa på månen
och du kommer åtminstone
till trädens toppar.
Den gamle mannen log och sa:
– Ungdomar har så bråttom
att förverkliga sig,
för de har ingen egen historia.
Den unge mannen skrek:
– Anledningen till ditt fiasko
är att du saknade mål med ditt liv!
Den gamle tog fram en flaska vin,
han ville gärna fira sin glädje
att återse den unge vännen.
– Drick du, sa den gamle: Låt
oss nu ta dagen som den kommer,
för tiden kommer ändå ikapp alla,
förr eller senare.

Svartsjuka

Du behöver inte ljuga för mig,
jag vet ju ändå var jag har dig.
Jag vet så väl att du kan le
så där rart mot andra män.
Det kanske är bäst att inse
att du ibland besöker en vän.

När du ljuger för mig
måste jag låtsas tro dig.
Lögn är dålig start på dagen,
men jag vill inte att du ska veta
att jag tror att jag är bedragen
när du på natten måste arbeta.

Jag vill att du älskar mig
precis som jag med dig.
Om det inte är ett dumt spratt
att du saknar mig på ditt jobb
borde du stanna hos mig i natt
i stället för att träffa en snobb.

Frihetens sötma

Låt oss segla på frihetens hav,
ut på en färd som är vild och fri,
bort från alla enfaldiga krav
som begränsar leklust och fantasi.

Låt oss nu äntra frihetens båt,
hissa seglen för vår drömda seglats
som ska föra oss planlöst framåt
tills vi strandar på en oväntad plats.

Har du någonsin smakat friheten
för en enda dag
och då önskat evigheten?
Det har du, det har jag.

Vi vet ju att det inte finns frihet,
överallt väntar oss agg och tvång.
Men det är färden som är livet,
den låter oss höra frihetens sång.

Så låt oss hissa seglen för en dag,
så att vindarna för oss mot en kust.
Vart vi än landar så har du och jag
njutit av frihetens glädje och lust.

Har du upplevt frihetens ljuva färd
för en enda dag
och velat stanna i dess värld?
Det har du, det har jag.

Människans väg

Hon går på en krokig stig
som är hal och porös.
På stigens båda sidor
finns det svindlande stup.
Bakom sig har hon vardagens
amortering, lön, bostad och vänner.
Framför sig har hon en dimma
som leder till det okända.

Ännu är möjligt
att återvända till det kända
men hon fortsätter ändå framåt
mot den dunkla dimman
trots att hon darrar av rädsla,
för hon är en människa,
det är så hon skapar
sin verklighet och mening.

En bön

Jag ber dig bara om en sak:
– Ge mig din styrka och visdom,
så att jag kan förlåta bödlarna
för allt det onda de har gjort.

Du vet var jag behöver:
– Ge mig din styrka och visdom,
så att jag blir fri från längtan
att hämnas bödlarnas gärningar.

Jag vädjar till dig i nöd:
– Ge mig din styrka och visdom,
för jag måste förlåta bödlarna
för att själv kunna leva vidare.

Fjantens öde

Lars ylade som en hund
medan han gick av och an
för att i nästa stund
skrika som besatt av fan.
Grannarna glodde
för att de trodde
att snickarens son hade blivit galen,
Han borde låsas in på hospitalen!

En granne höll ett tal,
han sa att hans lillebror
också hade haft kval,
innan han skulle bli stor.
Men folk pekade,
deras barn retade
för att Lars inte kunde förklara
vem han drömde om att vara.

Lars oro var nog sann,
för han väntade så troget
när han gick av och an
att något skulle bli moget.
Det pratades skit
än hit och än dit,
han tog emot pikar och hån:
Snickaren har en tokig son!

Och veckorna förflöt,
sommaren blev till höst.
Folk åt fläsk och gröt
och sa med en enad röst:
Lars är fjantig,
inte alls andlig,
hans drömmar slår aldrig ut,
nu måste spektaklet få ett slut.

Lars fördes till ett dårhus,
låstes in bakom en tung dörr.
Han blev tyst som en mus,
och vandrade inte som förr.
Han blev stum
men inte dum,
så en dag skrev han en fin bok
om sin dröm att bli rik och klok.

Tiden

I går var i går
I dag är i dag.
I går skrattade jag.
Tiden den går
och känns ibland svår.

I går glada drag.
I dag sörjer jag.
Jag försöker förstå
varför jag gråter i dag
över mitt eget jag.

Sorgen finns kvar
och minns i går.
Ja, jag förstår
men vill ändå ha svar
på allt som inte var.

Det jag saknar

Jag kommer inte
att sakna människorna
när jag är död,
ifall döden innebär
att man kan minnas livet.
I annat fall kvittar det, eller hur?
Inte heller poesi, musik och vänskap
kommer jag att sakna.
Det enda jag kommer att sakna
är den svenska naturen på sommaren
så som den ser ut i gryningen.
Jag står på en daggig äng,
full med blommor i en skog,
medan solen stiger upp bakom träden
vid en spegelblank sjö
där dimman dansar över näckrosor
och ringar blir allt större på ytan
efter vakande fiskar
när jag kliver naken i vattnet.

Vem är du?

Himlen blommar
och sjöarna ler.
Inget du känner
men allt du ser.

Vinden viskar
och dofterna dör.
Inget du känner
men allt du hör.

Det var en dag,
natt är det nu.
Du såg ditt jag,
så vem är du?

Tiden tiger,
vart du än går.
Inget du känner
men du förstår.

Nyheter

Ryssland sprider
våld och död i Ukraina
för att landet
vill gå sin egen väg.
USA vill förbjuda tiktok,
de tror att Kina spionerar
med hjälp av appen.
Israel skjuter palestinier
och bombar deras hem
för att hämnas ett angrepp.
Miljön förstörs av plast,
den finns överallt,
i luften, i maten, i blodet.

I Sverige härjar kriminella
med bomber och skjutningar.
Malmöreportrar
skuggar en gumma
som de tror lägger ut bullar
med vassa föremål,
som har skadat hundar.
Gumman sprider bullarna
för att få hundägarna
att hålla djuren i koppel,
för hon inte ska bli biten igen,
när hon går till stadsbiblioteket
för att läsa nyheter.

Svårt att leva

Det är så svårt att leva
när man är töntig, sjuk och ful
och höra grannens fest
där de skrattar och har det kul.
Då vill jag lägga mig i en håla
för att supa, spy och vråla,
men då ser jag solen
och den är rund och gul.

Det är så svårt att sova
när man är frusen i sitt skjul
och skåda grannens lyx
med golvvärme i hans vestibul.
Då vill jag hänga mig i en snara
för att göra slut på min mara,
men då ser jag månen
och den är rund och gul.

En grav för gud

En gång grävde jag en grav,
den ligger vid Stora Ringsjön.
Där lade jag alla guds krav
och bad sedan en avskedsbön.

Jag trodde blint på en gud,
som skulle vara god och rättvis.
Men hon är blott en skön skrud
och kräver ett alltför högt pris.

Jag fyllde graven med jord
och blev fri att söka nya ideal.
Jag mötte världen vid gott mod
för ett liv med flera möjliga val.

Förut var jag så säker på allt,
för guds förstånd var gränslöst,
tills jag såg en tiggare som svalt,
han hade fått en bibel som tröst.

En sommar

Tack för att du vistades
utanför mitt fönster en sommar,
när jag satt med en uppsats,
instängd från allt som blommar.
Du var som min brud,
när du låg utsträckt i fällstolen
och lät din bleka hud
smekas av den gassande solen.

Du var så vacker
i din kjol med blommiga mönster.
när du gick med din hund
bland träden utanför mitt fönster.
Du skrattade så sött
när du bjöd grannar på picknick.
När du såg att jag var trött
sporrade du mig med en blick.

Nu är det blåsigt,
träden har fällt frukt och blad.
Min uppsats är klar
och du lever i en annan stad.
Jag ska komma ihåg
min allena sommar med dig,
då du på eget bevåg
log uppmuntrande mot mig.

Livets spel

Jönssons vardag är hård,
han jobbar på ett skeppsvarv.
Han svetsar på dåliga ackord,
får avdrag på lönen för slarv.
Du skulle välja ett annat liv,
om du hade bättre alternativ
än att slita, bråka och frysa
för att betala mat och hyra.

Nu super han på ett hotell
efter att ha kränkt en massör
som besökte honom i kväll,
för han fick ingen extra favör.
Men du har allt att förlora
att kalla massören för hora.
Ni sitter fast i samma mara,
för ni båda är utbytbara.

Hon har slitit hårt på hotell,
städat och burit tungt bagage
för en låg lön och fått skäll
och nu säljer hon massage.
Var snäll mot denna kvinna,
hon är inte din tjänarinna,
hon fixar sin beskärda del
i samhällets nyckfulla spel.

Livsresan

Kärleken fångade mig
under en lekfull sommarvals.
Först blev jag irriterad,
när du höll dig om min hals.

Jag önskade ju att vara fri,
jag ville resa över hela världen.
Men jag blev så tagen av dig,
att din kärlek ändrade färden.

Min planerade resa slutade
i en förortsvilla med en fruga,
två barn, bil och en hund
och snart ska vi köpa en stuga.

Jag är inte alls besviken
för att mina drömmar brast.
Familjelivet är i sig en resa
med spännande tvära kast.

Ord och luft

Du sade till mig
att jag är en god talare
när jag hade pratat om kärleken.
Det var menat som beröm
men jag blev ledsen.

Jag hade sagt
att jag ville bo med dig
för att min längtan
är så smärtsamt djup
när du är borta.

Nu vill jag helst tiga,
för ord är ändå som luft.
Du glömmer snabbt mina ord
som du glömmer den luft
som vi andas.

Bypoeten

En gång hade en by en stofil,
som missade möjlighetens spår.
Det han drömde om som ung
skräpade i glömskans nådiga vrår.

Han blev byns rimmande poet,
hånad av en ny generation unga,
när han for med en rostig moped
till byns enda butik för att sjunga.

Hurra, hurra för Ica
där är alla jämlika,
både fattiga och rika.
Hurra, hurra för Ica,
I dag bjuder de på fika
och rabatt på paprika.

För kamrater som lämnade byn
var hans poetiska talang unik.
Som stofil skrev han blott verser,
och besökare var hans enda publik.

Han bugade sig med sin keps
när han hade framfört sin sång.
Han fick en och annan slant
och besökare log roat varje gång.

Hurra, hurra för Ica,
där är vi alla unika,
både fattiga och rika.
Hurra, hurra för Ica,
priserna är sagolika,
för de vill inte snika.

Skönhetens pris

Min stora olycka är att jag
bedöms efter mina behag.
Varje pojkvän tar med mig hem,
de vill visa mig för mor och far
som om jag vore ett dyrt diadem.
De säger: Är hon inte fin?
Tänka er, hon är bara min!

Skönheten har sitt pris,
jag får inte vara frågvis,
jag ska lyssna och hålla tyst,
när andra bara pratar strunt
och glor på mina stora byst.
De skulle kalla mig häxa
om jag gav dem en läxa.

Jag måste hålla mig fin,
äta grönt och vitamin,
för jag vill vårda mitt utseende
men jag vill visa mycket mer
än ett smickrande vitt leende.
Bakom mitt fina skal
finns en klok bokmal.

Demagogens list

Demagogens grogrund
är människors känsla av hopplöshet.
En dag äntrar han scenen
som den store, starke ledaren
för att fika efter röster
med sina bräckliga prognoser
om en ljusare framtid
som om den vore en verklighet.

Han läser av hopplöshetens tankar
i det land han dyker upp i
för att anpassa sina löften till dem.
Han kan ha en politisk agenda
eller en religiös vision,
men målet är alltid detsamma:
att få total makt över samhället.

Demagogen utnyttjar demokratins
öppna samtal till sin fördel
för att bryta ner den steg för steg
med hjälp av folkets önskan
om ett rättvist, tryggt samhälle.

Omöjlig kärlek

Vi älskade varandra, du och jag.
Du var troende och jag en syndare,
en hederlig typ,
som jag brukade säga om mig själv.
Du log när jag sade
att du stod med en fot i paradiset
och att jag hade en enkelbiljett till helvetet.

Men vi älskade varandra, du och jag.
Varje gång vi låg nakna i varandras armar,
tyckte jag, att vi förenade
paradiset med helvetet, gud med djävulen
med våra känslor och fysiska begär.

Och vi älskade varandra, du och jag.
Det störde inte mig att du var religiös
så länge jag fick älska dig.
Men du ville omvända mig,
för att slippa känna att du syndade
när vi tog emot varandras lust.